colección
El zoo de las letras

CW01621277

Juega con la

m

La mona Ramona

Dibujos

Tría 3:
Horacio Elena
Mabel Piérola
Francesc Rovira

Cuento

Beatriz Doumerc

La mona Ramona se mece
en la rama.

Su mamá la llama:

—¡Ramona, Ramona, ven a merendar!

La mona Ramona baja de la rama,
se sienta a la mesa, come una manzana
y un montón de moras.

Su hermana se asoma por una ventana
y le dice:
—Si comes muchas moras te van a sentar mal.
Pero Ramona come
más y más.

Y cuando termina,
se levanta de la mesa
y sube a la rama.

La mona Ramona se mece, se mece...
Y los animales la miran y se ríen...

—¿Por qué me miráis?
—pregunta Ramona.
Y los animales ríen
más y más...

Porque de tanto comer moras,
¡la mona Ramona se ha puesto morada!

JUEGA con la m

- ¿Qué hace la mona Ramona en la rama?
- ¿Qué come la mona Ramona cuando baja de la rama?
- ¿Te gustan las moras?
- ¿Has ido alguna vez a coger moras?
- ¿Dónde puedes encontrar moras?

Objetivos:

Comprender lo que se lee.
Narrar experiencias de la vida cotidiana.

¿Te animas a contar el cuento de la mona Ramona con tus propias palabras? Puedes empezar así:

La mona se llama Ramona,
y como es muy glotona,
se pone morada a comer moras…

(Sigue tú.)

Objetivos:

Interpretar las lecturas.
Desarrollar la capacidad de expresión oral.

¿Te gustaría hacer una obra de teatro con el cuento de la mona Ramona? ¡Es muy fácil! Sólo tienes que buscar dos o tres amigos o amigas (también te pueden ayudar papá, mamá y tus hermanos o hermanas). Así, uno hará de mona Ramona, otro de su mamá, y los demás harán de su hermana y del resto de los animales que aparecen en el cuento. ¡Ya verás qué bien os lo pasáis!

Objetivos:

Desarrollar la capacidad de expresión corporal.
Estimular la atención y la imaginación.

JUEGA con la m

- ¿Qué animales se ríen cuando la mona Ramona se pone morada?

  Si no te acuerdas, mira los dibujos del cuento.

- ¿Cómo se da cuenta la mona Ramona de que se ha puesto morada?

  En la última página del cuento tienes una pista.

- Hay un personaje que aparece dibujado en muchas páginas del cuento, y no es la mona Ramona...

  ¿Quieres una pista? Tiene pico y plumas.

  ¿Ya sabes cuál es?

  ¿Cuántas veces aparece dibujado?

Objetivos:

Leer y comprender imágenes.
Desarrollar la atención.
Ejercitar la memoria visual.

El protagonista de este poema es un mono amigo de la mona Ramona:

Parece que en Japón había un mono
que dormía la siesta en kimono.
Qué cosa tan rara es,
decía un japonés,
ver a un mono en kimono haciendo el mono.

María Elena WALSH

¿Te ha gustado? ¿Te atreves a aprendértelo de memoria?

Objetivos:

Recordar textos literarios.
Ejercitar la memoria.
Ampliar vocabulario.

JUEGA con la m

◄ Rodea con un círculo rojo los dibujos que tengan una **m** en su nombre.

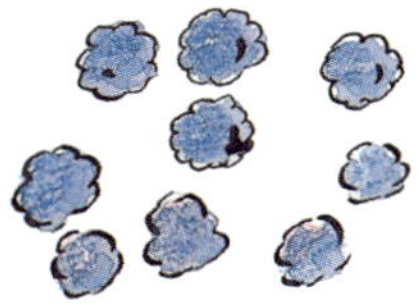

Objetivos:

Ejercitar la atención.
Favorecer la coordinación visomanual.

Colorea las letras **m** minúscula y **M** mayúscula y luego recórtalas.

Así podrás ir formando tu propio ZOO DE LAS LETRAS con los cuentos de esta colección.

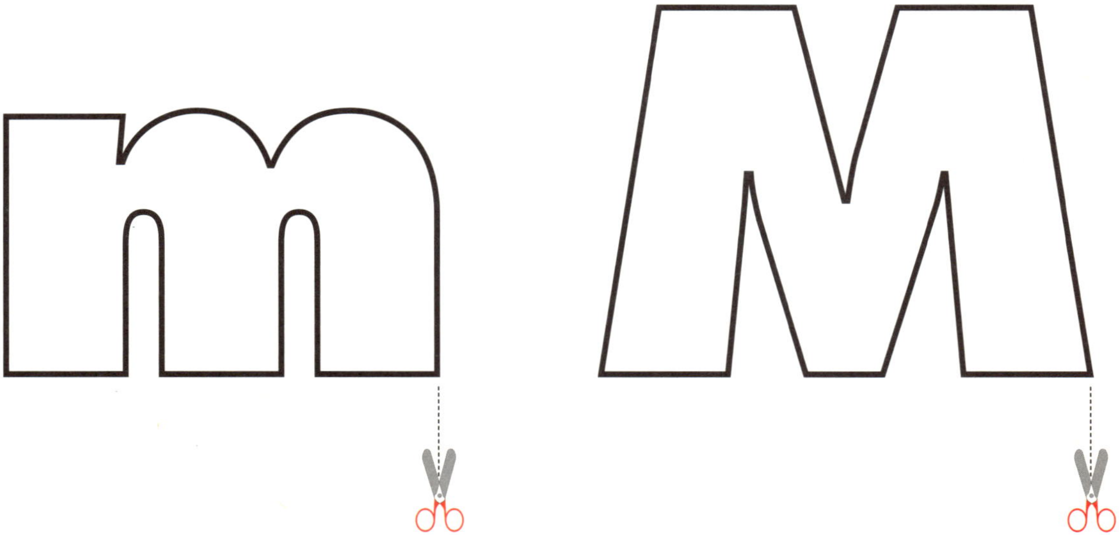

Objetivos:

Reconocer las letras **m, M.**
Ejercitar la coordinación visomanual.

colección
El zoo de las letras